AF263514

CHARLES DU HEMME

Le Général Boulanger

ET

LE PARTI RÉPUBLICAIN NATIONAL

PRÉFACE

De M. LE HÉRISSÉ, député

PARIS

IMPRIMERIE BREVETÉE CHARLES BLOT

7, RUE BLEUE, 7

Dépôt: 15, rue du Croissant.

Lettre de M. LE HÉRISSE, député d'Ille-et-Vilaine

A L'AUTEUR

Mars 1889.

Cher Monsieur,

J'ai lu votre brochure : « Le Général Boulanger et le Parti républicain national. »

Recevez, je vous prie, mes bien sincères félicitations.

On ne pouvait mieux faire, car tout dans ce petit livre respire le patriotisme le plus ardent et l'attachement le plus profond aux principes démocratiques.

Si, comme je l'espère, on peut arriver à lui donner une grande publicité, on aura empêché, « dans la campagne prochaine, les citoyens de re- « tomber entre les mains des gens qui nous gouver- « nent, au nom de l'intérêt supérieur de la Répu-

« blique, qu'ils ont compromise, par leurs fautes,
« en trafiquant de l'honneur de la France. »

Vous aurez contribué puissamment à aider le Parti républicain national dans la tâche difficile qu'il a à remplir : faire de la France une grande nation unie et puissante.

A vous, cher Monsieur, et bien affectueusement.

R. LE HÉRISSÉ,

Député d'Ille-et-Vilaine.

I

Les manifestations réitérées du Suffrage universel, récemment encore le vote de Paris (1), qui vient de consacrer par un éclatant verdict la politique du Chef du Parti républicain national, ne peuvent, désormais, laisser subsister aucun doute sur le caractère national du mouvement d'opinion qui s'est formé contre une Chambre, qui, soit par incapacité, soit par de coupables manœuvres, a jeté la République dans un tel discrédit, qu'elle semble ne pouvoir résister plus longtemps au choc de ses ennemis.

Cela n'est malheureusement pas à nier, que si, aujourd'hui, les partis monarchiques ont repris toute assurance ; que si, par leurs différents organes, ils prédisent, dans un langage qu'ils n'avaient encore osé tenir jusqu'ici, la fin prochaine du régime républicain, nous le devons à cette politique néfaste, faite d'ambitions insatiables et de vanités personnelles, qui, depuis 1875, sacrifie à l'intérêt général les exigences d'une coterie avide de pouvoir.

Cette politique, qui, au fond, n'en est pas une, mais une oligarchie particulière, où chacun vient à tour de rôle s'ébattre avec des airs de dieu vain-

(1) Voir la brochure *l'Élu du 27 janvier*, du même auteur.

queur aux applaudissements des comparses n'attendant que l'occasion d'entrer en scène, n'a jamais pu produire et ne peut produire autre chose que la ruine d'un pays, quand elle ne le déshonore pas.

Et nous subissons cet état de choses, voilà bientôt quinze ans ! N'est-ce pas une honte ?

Une nation comme la France peut-elle rester plus longtemps la proie d'une poignée d'ambitieux sans se mépriser elle-même et sans laisser croire à un affaiblissement de ses facultés intellectuelles et morales ?

Non ! Elle doit secouer sa torpeur, si elle ne veut pas paraître à son tour la complice d'une politique astucieuse, devenue odieuse par le spectacle de ses scandales, où l'honneur national et la fortune publique se sont trouvés un instant compromis par les agissements de ces politiciens de fausse marque.

Mais, Dieu merci ! le pays s'est en partie ressaisi. Il a compris qu'il était temps que cette comédie-là finisse. Alors, dans un réveil de sa conscience indignée, il s'est levé pour protester hautement contre les spéculateurs de sa foi politique, pour stigmatiser ces parasites de tous ordres, qui vivent de son sang et de son or, le ruinent et l'oppressent !

Ce sont ces gens-là qui font dire que le régime républicain n'est que le réceptacle de toutes les ambitions inavouables, nées des événements qui se sont produits en France en ces vingt dernières années.

Eh bien ! le pays en a assez d'une telle politique,

aussi nuisible à ses intérêts qu'elle est contraire à sa dignité. Car il n'entend pas servir davantage de tête de Turc à tous ces faux politiciens de basse envergure, qui n'ont su tenir aucune des promesses qu'ils avaient faites à la France, de lui donner des lois qui, en garantissant sa stabilité politique, fassent du régime républicain, un régime de paix et de concorde.

Au lieu de cela, nous voilà arrivés à la veille de célébrer le centenaire de la Révolution française, sans que la France possède ce gouvernement fort et respecté, qu'elle était en droit d'espérer après tous les sacrifices qu'elle s'est imposés pour reprendre en Europe son rang de grande nation !

Est-ce assez significatif ? Et ne doit-on pas désirer d'en finir au plus tôt avec ce parti d'ambitieux, qui ne sait même plus ménager les susceptibilités du pays, n'ayant plus rien à attendre de sa confiance.

Le suffrage universel en fera bonne et prompte justice, comme c'est son devoir, et il n'y faillira pas.

C'est au pays à en précipiter le dénouement par voie de pétitionnement ou autres, mais toujours légalement, afin de ne donner aucun motif de répression à tous ces politiciens, devenus les tire-laine du pouvoir.

Mais pour entreprendre cette lutte du droit contre les forces coalisées d'un parlementarisme aux abois, et pour éviter que la lutte dégénérât en une révolution violente, lorsque se manifestèrent les premiers symptômes de l'opinion publique, mécontente de se voir ainsi abusée, il fallait un homme dont la haute influence morale et l'esprit politique sût contenir les impatiences et prît sur lui de conduire ce mouvement avec toute la sagesse et toute la fermeté nécessaires pour en assurer le triomphe.

« C'est alors que la grande popularité d'un soldat patriote et républicain, jeté dans la politique par les parlementaires eux-mêmes, a conjuré le danger en concentrant autour de lui, sous une forme légale, toutes les aspirations démocratiques et en permettant la création du Parti républicain national. »

Ah ! ce n'est pas sans regret que nous voyons des républicains sincères, de ceux qui ont combattu pour les libertés publiques, rester sourds à l'appel de la France, et n'obéir qu'à la haine de quelques ambitieux sinistres, dont ils se font les séides politiques.

Eh bien ! il faut que ces égarés-là reviennent à nous et ne soient pas plus longtemps les complices de ceux que le pays réprouve, parce que leur politique n'a été qu'une politique d'intrigues et de basses manœuvres et qu'ils ont sacrifié à leur intérêt personnel l'intérêt supérieur de la Patrie et de la République.

Oui ! c'est contre eux, et pour la République, que nous voulons voir grande et respectée, aussi bien au dedans qu'au dehors, que nous combattons pacifiquement et légalement par l'appel au suffrage universel, notre maître à tous. Et en rendant plus solennelles les manifestations du suffrage universel, nous espérons ramener à nous les timorés et les hésitants, convaincus enfin qu'avant d'écouter la voix de quelques politiciens absolus, qui se cramponnent désespérément au pouvoir, il y a la grande voix de la France, de la France outragée qui leur crie : « Allez-vous-en ! Nous ne voulons plus de vous ! vous êtes des imposteurs ! »

Lorsque cette œuvre essentielle de salubrité publique sera accomplie, et elle le sera bientôt, la France démocratique viendra d'elle-même se ranger autour du Chef du Parti républicain national, car la République sera une République ouverte à tous, avec un pouvoir composé d'hommes résolus cette fois à travailler pour le bien du pays.

C'est dans cette grande pensée d'union nationale, que le Général Boulanger a choisi un terrain politique qui lui permît d'appeler à lui toutes les bonnes volontés, de les grouper, afin de travailler tous ensemble à donner à la République cette admirable cohésion politique qui doit en faire un gouvernement de progrès. Car la France n'a pas seulement souci d'elle-même, elle est aussi la grande et noble nation, qui, en dépit de ses fautes et de ses malheurs immérités, reste toujours la terre classique des innovations sublimes, dont le progrès incessant est marqué par autant d'étapes glorieuses dans l'histoire de la civilisation.

Pour qu'elle reste dans ce rôle glorieux, qu'elle s'est tracé, il faut que sa stabilité politique n'ait plus à subir de ces crises fréquentes qui, non seulement, mettent en péril nos institutions, mais lui enlèvent encore sa supériorité morale à l'étranger.

L'œuvre du Parti républicain national est de réaliser cette paix intérieure, par l'apaisement des passions politiques qui arrêtent l'essor national et faire que chacun puisse travailler utilement, et sans crainte du lendemain, à la prospérité du pays. Le Général Boulanger y consacre chaque jour ses efforts avec une persévérance et une foi patriotiques que rien ne déconcerte. Il ne doute pas, — et il a raison, — de la solution du problème dont il est le facteur principal. Il sait que l'avenir de la France est là, et il poursuit sa tâche, encouragé qu'il est, d'ailleurs, par la confiance que le Pays a mise en lui et qu'il entend bien mériter, en dépit de toutes les accusations dont il est l'objet.

Mais pour que cette œuvre s'accomplisse aussi rapidement que possible et avec le plus d'efficacité, nous devons joindre nos efforts aux siens ; car c'est à tous les Français, sans distinction de parti, que s'adresse le Général Boulanger, pourvu qu'ils viennent à lui s'offrir loyalement de l'aider dans cette œuvre de haut patriotisme.

Quelle œuvre plus belle, en effet, que de réaliser cette grande pensée, qui semble de prime abord si paradoxale, de rallier tous les partis politiques sous un même drapeau, qui soit également le drapeau de tous.

Son programme politique lui donne certainement l'espoir d'atteindre ce but. Il le peut d'ailleurs, grâce à la popularité dont il jouit, et qu'il compte mettre à profit dans l'intérêt supérieur de la Patrie et de la République.

Et parce qu'il agit en vrai républicain, qui comprend tout le parti qu'on peut tirer du régime démocratique sagement pratiqué, ainsi qu'il l'a vu s'exercer aux Etats-Unis, lors de son voyage en Amérique, à l'époque où il fut chargé de représenter la France aux fêtes du Centenaire de l'Indépendance, ses adversaires l'accusent de songer à la dictature, lorsqu'il sait aussi bien que vous et moi qu'elle est impossible en France, dans ce pays aujourd'hui si épris de liberté !

« Mais le voudrait-il, qu'il ne le pourrait pas,
» car il trouverait devant lui la démocratie tout
» entière, prête à lui barrer le passage et à s'op-
» poser à toute entreprise contre nos libertés pu-
» bliques.

» Il le pourrait d'autant moins, d'ailleurs, que
» les masses électorales rangées autour de lui se-
» raient plus nombreuses et plus garnies de répu-
» blicains éprouvés. »

Si cela était pourtant, le Parti républicain national n'existerait plus de ce fait et chacun, reprenant sa liberté d'action, n'hésiterait pas à le combattre avec ses propres armes. Je ne vois pas non plus sur quelle force s'appuierait le Général Boulanger pour jouer en France le rôle d'un nouveau Cromwell.

Ce n'est pas, certes, sur le pays.

Car si le peuple aujourd'hui l'acclame, c'est qu'il a foi dans sa loyauté républicaine et qu'il ne doute pas qu'il réalise un jour les promesses de réformes qui sont contenues dans son programme politique.

Le jour où il cesserait de s'inspirer des pensées de justice et de liberté, qu'on ne sépare pas en France du droit républicain, ce jour-là le pays n'hésiterait pas à se soulever contre lui, avec une unanimité d'autant plus grande qu'il l'aurait acclamé avec non moins d'ardeur.

Pourtant, il s'est trouvé un moment où la chose était possible. Elle ne dépendait que de lui. Il n'avait pour cela qu'à vouloir, car quoi qu'en disent ses adversaires, il n'eût rencontré alors aucun obstacle sérieux sur sa route : c'est lorsqu'il était ministre de la guerre.

A cette époque, il jouissait déjà d'une popularité incontestable, étant, par le fait même d'incidents graves qui se passaient à la frontière, l'homme vers lequel se portaient toutes les pensées patriotiques de l'heure présente. Il n'avait qu'un pas à faire, qu'un ordre à donner, pour atteindre le but ambitieux que ses ennemis lui prêtent aujourd'hui, — car l'armée avait confiance dans son chef, et elle lui eût obéi aveuglément.

Ce n'est pas faute d'y avoir été encouragé par ceux qui prévoyaient le gâchis politique dans lequel allait tomber le pays, par suite des excès d'un parlementarisme à bout d'expédients pour sortir d'une situation politique détestable, qui allait encore s'aggraver d'un scandale dans lequel le Chef de l'État se trouvait indirectement compromis. S'il ne l'a pas fait, c'est qu'au-dessus de sa personnalité, il voyait la Patrie, la chère et grande Blessée, pour laquelle il a tant de fois versé son sang ! Et il ne voulait pas, pour l'injustice de quelques hommes, la livrer aux conséquences d'un coup de tête, en face de l'étranger menaçant, prêt à profiter de nos discordes pour franchir la frontière et nous assaillir à l'improviste.

Eh bien ! aujourd'hui que l'accord existe entre le Général Boulanger et le pays sur la nécessité de mettre fin à l'oligarchie parlementaire, dont le système tend à discréditer de plus en plus le régime républicain, en le rendant responsable de toutes les fautes commises par une poignée d'ambitieux ; — qu'il ne s'agit plus que d'achever la déroute de cette politique néfaste, et cela avec des moyens légaux, empruntés à l'action populaire ; que ces moyens le suffrage universel les lui fournit, est-il besoin de démontrer que la Dictature n'a plus sa raison d'être, et que si dans certains cas elle peut avoir un effet immédiat et utile, ici elle devient complètement inutile, puisqu'il y a unanimité de sentiments entre le programme politique du Général Boulanger et les aspirations du pays.

Alors contre qui la Dictature ?

Du jour où la Chambre se sera soumise à l'opinion publique qui lui dit : Va-t'en ! l'agitation que nous traversons cessera d'elle-même ; et le Général Boulanger, porté tout naturellement au pouvoir par le suffrage universel, n'aura plus, dès lors, qu'à mettre à exécution son programme de réformes, qu'il réalisera avec l'appui d'une Chambre résolue à

travailler au bien du pays, et qui ne sera pas, es-
pérons-le, un foyer d'intrigues et d'ambitions personnelles.

L'idée d'une Dictature apparaît donc si invrai-
semblable, qu'on ne peut, raisonnablement, argu-
menter davantage contre une accusation lancée
avec une mauvaise foi sans pareille. Il est vrai que
l'opinion publique en a fait bonne justice.

Cela n'empêche que les adversaires du Général
Boulanger continuent à hurler après lui, sembla-
bles à une bande de loups affamés, qu'on aurait
lâchés après lui, comme après une proie.

Il n'est pas de calomnie que ces gens-là n'inven-
tent contre lui, dans la désespérance où ils sont de
voir que chaque jour écoulé les rapproche du moment où il leur faudra subir le jugement de leurs
électeurs; et ceux-ci leur ménagent un régal qui ne
sera pas de leur goût, j'imagine.

L'affolement de ces parlementaires est tel, qu'eux
les gardiens de nos libertés, eux qui se disent républicains, n'hésitent pas à faire appel à la violence et à l'arbitraire, pour se débarrasser d'un
adversaire qui représente, avec tant de force, la
protestation la plus unanime qui se soit jamais
produite dans notre pays contre le régime parlementaire.

La République, comme conséquence de cette
politique néfaste, en a subi le contre-coup inévita-
ble, soit à l'intérieur où les partis monarchiques
deviennent chaque jour plus arrogants, soit à l'ex-

térieur où l'Etranger se demande si l'on peut encore traiter honorablement avec elle !

Et Elle ! c'est la France ! la Patrie de tous ceux qui aiment la vérité et la justice ! La Nation qui a donné à l'Europe le plus de gages de son amour pour le bien, et dont l'âme ardente et généreuse a fait s'élever de son sein les premiers rayons de liberté qui aient éclairé le Monde ! La terre de Saint Louis et de Jeanne d'Arc !

Ah ! ce n'est pas sans un sentiment de légitime révolte que nous assistons à cet abaissement momentané de notre prestige national.

Et il nous faut toute la confiance que nous inspire le patriotisme du Chef du Parti national, pour que nous domptions en nous l'impatience prête à jaillir de nos cœurs, en présence de ce fait monstrueux que la Patrie se trouve humiliée par les agissements de quelques politiciens qui n'ont eu d'autres soucis que de satisfaire à leur passion du pouvoir, à l'ambition duquel ils ont sacrifié les plus graves intérêts du pays.

Aujourd'hui ces hommes néfastes osent encore se réclamer du droit législatif qu'ils ont acquis du suffrage universel, indignement trompé par eux, pour traiter de factieux et de perturbateur de la paix publique le Général Boulanger !

Ah ! certes oui, il veut nous débarrasser de cette politique impuissante à nous donner les réformes nécessaires au progrès national... Il a pour complice le pays, qui ne veut plus être leurré par des promesses vaines, et qui en a assez de voir le pouvoir entre les mains d'une coterie ambitieuse, dont les actes pèsent si lourdement sur lui.

Est-ce donc conspirer contre la République que de vouloir travailler à son développement intellectuel et moral ?

A qui ferez-vous croire sérieusement que le Général Boulanger est un conspirateur, ne visant qu'à détruire les institutions existantes pour se créer un pouvoir personnel ?

D'ailleurs sur quoi basez-vous vos accusations de césarisme ou de dictature ?

Cela, je vous mets au défi de le prouver.

Vous savez bien que vous la recherchez depuis longtemps cette épreuve manifeste, éclatante, qui doit appuyer votre dire. Il vous serait tant utile de la publier pour les besoins de votre cause, que vous ne manqueriez pas de le faire si vous le pouviez, —mais vous ne le pouvez pas ; autrement, vous ne tarderiez pas à éclairer l'opinion publique. Avec quels airs triomphants vous lui diriez: « Hein ! avions-nous raison de vous mettre en garde contre un sot entraînement ? Cet homme que vous acclamiez, votre idole, comme il vous a trompés, trahis ; comme il s'est joué de votre crédulité; comme il a abusé de votre confiance; car il cachait au fond de sa pensée d'ambitieux projets, dont vous eussiez été les premières victimes. Cet homme est un misérable ! Hors la loi ! »

C'est le langage que vous seriez, certes, en droit de tenir.

Au lieu de cela, vous n'apportez dans vos accusations aucun fait précis, que des insinuations vagues, des calomnies sans fondement, dont le plus clair est de montrer à quel degré d'acuité est arrivé le fiel de vos passions politiques.

Alors que devient ce fameux Césarisme que vous nous baillez à tout propos ?

Ah ! oui, il y a les présomptions morales, selon vous... Soit ! Prenons le programme politique du Chef du Parti républicain national.

Que dit-il ?

Nous voulons la dissolution de la Chambre actuelle comme entachée d'incapacités et de hontes...

Nous réclamons la révision de la Constitution de 1875, faite par une Chambre monarchique en mal d'un drapeau, qui, ne pouvant faire mieux, prit le parti terme de voter une Constitution d'expectative, lui permettant d'attendre le réveil de l'esprit monarchique en France.

L'épreuve a été faite.

La République a pris racine dans le pays, contrairement aux prévisions de ceux qui la votèrent transitoirement. Aujourd'hui que cette Constitution est devenue insuffisante pour la garantie du régime républicain et pour son bon développement, nous demandons qu'elle soit établie sur des bases nouvelles.

Pour cela, nous voulons qu'une émanation directe de la souveraineté nationale, représentée par la réunion d'une Constituante, édicte elle-même les lois indispensables à la consécration de la forme républicaine devenue le gouvernement légal du pays.

Cette Constitution serait ensuite soumise à la ratification du pays.

La sanction populaire est, en effet, une nécessité commune au droit démocratique. Cette thèse a été soutenue par les républicains les plus illustres de la Convention.

Eh bien ! depuis quand une Constituante, réunie pour voter des lois d'Etat, a-t-elle jamais eu pour résultat de conduire un pays à la dictature ?

Mais c'est justement pour l'éviter et la rendre impossible qu'elle a sa raison d'être.

Et c'est celui-là même que vous accusez de césarisme qui, le premier, en préconise la pensée comme le moyen le plus propre de sortir de cet état d'anarchie politique dans lequel nous pataugeons depuis tantôt quinze ans, et de mettre ainsi un terme aux ambitions de toutes sortes qui s'agitent autour de la République !

Alors je cherche sur quoi s'appuient les adversaires du Général Boulanger pour espérer faire croire au pays que leur accusation est fondée, car en fin de compte vos assertions ne suffisent pas en pareil cas ; ce sont des preuves qu'il nous faut.

Pour s'emparer de la dictature, il est avant tout nécessaire d'occuper une situation que le général Boulanger n'a pas ; puis, il y a certaines complicités indispensables, qui ne s'obtiennent que difficilement en pareil cas, tant est grand l'aléa des risques à courir si l'on échoue. Enfin, je le répète, à quoi bon? Dans la situation actuelle, à la veille des élections générales qui donneront la majorité à la politique du Chef du Parti républicain national, est-ce que le pouvoir ne lui sera pas dévolu légalement, en son temps, sans violence, comme cela doit être?

Pourtant il y a des gens qui croient fermement à cette accusation aussi inepte qu'elle est irréalisable, de voir en lui un imitateur de l'homme de Brumaire.

C'est contre ces égarés-là, que nous voulons ramener à nous par la persuasion, dans l'intérêt même de la grande cause que le Général Boulanger défend avec tant d'autorité et qui est la leur, qu'il ne cesse d'en appeler à l'opinion publique, afin de s'expliquer aussi souvent que possible avec le suffrage universel, dont on peut dire qu'il est aujourd'hui le seul mandataire digne de ce nom.

Il l'a vengé noblement de toutes les attaques, de toutes les calomnies d'un parti réduit aux plus tristes expédients politiques pour vivre encore quelques jours; car l'heure de la liquidation approche à grands pas, où chacun d'eux aura ses comptes à rendre.

Par l'acharnement que mettent ses adversaires à se cramponner à leurs sièges ou à leurs places, je ne suppose pas que cette liquidation soit de leur goût. Plus d'un doit s'attendre à être rendu aux douceurs de la vie privée, par les électeurs moins crédules cette fois.

C'est ce qui explique la haine des parlementaires à l'égard du chef populaire, amené par les circonstances à se faire l'interprète des sentiments antipathiques du pays contre un système condamné par ses fautes à subir le mépris public.

Ce système ne peut, en réalité, donner aucune des satisfactions réclamées par la masse des travailleurs, parce que, système égoïste entre tous, il est contraire à l'esprit démocratique, étant d'essence bourgeoise, et incompatible par cela même avec le principe d'égalité, qui est la base du système démocratique, que représente le Général Boulanger.

C'est pourquoi nous ne devons pas hésiter à le suivre sur le terrain politique où il nous convie, non pas, comme le disent ses adversaires de mauvaise foi, parce que nous éprouvons en France le besoin de nous donner un maître, — nous savons trop ce qu'il en coûte pour cela, — mais bien parce que le Général Boulanger représente l'idée juste de ce que doit être, pour le pays, le régime républicain, tel que nous le concevons dans sa haute expression fraternelle et humanitaire appliquée à toutes les classes d'individus qui composent la grande famille· française.

Pour atteindre ce but patriotique, si intimement lié au sort de la République, le Chef du Parti républicain national fait appel à tous ceux, républicains jeunes et vieux, qui aiment la liberté. Il les invite à venir grossir les rangs de tous les patriotes, de tous les Français, qui, sans distinction de

parti, veulent bien l'aider à fonder cette République nouvelle, qui fasse de la France « une
» grande nation pacifique et invincible, entourant
» d'une égale tendresse ses fils réconciliés et unis
» sous le drapeau de la République. »

II

Le Général Boulanger a dit :

« La République ne doit être la propriété de
» personne. Tous les Français ont des droits
» égaux à son gouvernement. Tous doivent pou-
» voir s'y sentir chez eux. Pour ce qui est d'être
» républicain, il n'est point de titre plus large que
» celui-là. Être républicain veut dire qu'on est
» partisan de la justice pour tous et de la liberté
» pour tous. »

On ne saurait trouver une plus belle définition
du principe démocratique, telle que les hommes
de la Révolution en conçurent la pensée en procla-
mant les droits des citoyens dans la société moderne.

Le Parti républicain national s'est inspiré de
ces sages paroles pour entreprendre une campagne
politique devant aboutir à cette union démocratique qui aura mis cent ans à se constituer selon
les vues de ceux qui édictèrent la devise républicaine : « Liberté, Égalité, Fraternité. »

De là, la caractéristique du mouvement qui se produit depuis plus d'un an contre la Chambre parlementaire, dont toute la politique peut se résumer ainsi : Moi d'abord, le pays ensuite.

C'est contre ce républicanisme hypocrite, qui est la négation même du principe démocratique, que nous devons protester sans cesse, pour l'amener à disparaître de lui-même sous l'action du suffrage universel.

Le Parti républicain national s'est formé dans ce but; et on ne peut nier qu'il se soit déjà acquis une importance considérable aux yeux du pays.

Mais son œuvre n'aura réellement d'effets que le jour où, débarrassé de ce parti d'ambitieux qui ne s'est emparé du pouvoir que dans un intérêt personnel et pour y faire de la politique de dupes, il pourra, avec l'appui de tous les bons citoyens désireux de sortir d'un tel gâchis politique, s'appliquer aux réformes utiles et nécessaires qu'il a inscrites dans son programme démocratique.

Car le point essentiel dans la campagne prochaine est de ne plus retomber entre les mains de ces gens-là, au nom de l'intérêt supérieur de la République qu'ils ont compromis par leurs fautes, en trafiquant de l'honneur de la France, livré aux entreprises criminelles de leur politique néfaste.

Ce sera aussi la gloire et l'honneur du Parti républicain national et de son Chef que d'avoir mis en garde le suffrage universel contre les préférences de clocher, si nuisibles aux intérêts du pays et de la République, lorsque ces préférences se por-

tent sur des hommes dont le programme politique
est un trompe-l'œil.

Nos parlementaires, en votant le scrutin d'ar-
rondissement, prouvent qu'ils redoutent la grande
lutte, au grand jour, en plein soleil, loin du foyer
de leurs intrigues, où, grâce à la complicité admi-
nistrative et policière qu'ils vont nécessairement
trouver dans leurs arrondissements avec l'appui
du gouvernement, ils espèrent rattraper encore
quelques sièges dans l'effondrement de leur vie politique.

Eh bien! n'ayez pas cet espoir. — Le pays vous
connaît maintenant. Il sait ce qu'il peut attendre
de vous, qui lui promettez sans cesse et qui le
leurrez toujours. C'est au Parti républicain national qu'il ira, parce que son programme est net et
précis, et qu'il n'entend pas servir les intérêts
d'une coterie ambitieuse, mais bien les véritables
intérêts du pays, qui a besoin qu'on s'occupe
de lui.

C'est assez d'arbitraire comme ça. Nous ne voulons plus de ce favoritisme insultant qui se fait au
profit d'un groupe politique, dans le but de se
créer des complicités dans le pays, afin de s'assurer le vote des électeurs.

Cette politique-là nous écœure ; nous en voulons
une autre... Le Parti républicain national nous la
promet; c'est à lui que nous irons.

D'ailleurs, nous avons assez de ce régime bourgeois, absorbant la politique à son profit, sans ja-

mais se soucier, dans son égoïsme particulier, qu'il y a de plus grands intérêts à sauvegarder que les siens.

Le programme démocratique adopté par le Parti républicain national et défendu par le Général Boulanger, répond donc aux nécessités de la politique qu'entend suivre à l'avenir le pays, et qui n'est autre que la réalisation des promesses faites aux électeurs en 1885.

Toutefois il élargit le rôle du suffrage universel, en lui reconnaissant le droit de participer directement à l'action des pouvoirs publics par voie de scrutin.

L'opinion publique pouvant désormais s'exprimer par ce mode rationnel du droit qu'a tout citoyen, dans un Etat libre, d'exprimer son avis sur ce qui l'intéresse particulièrement, le régime républicain gagnera en respect et en considération tout le prestige qui lui manque actuellement.

La stabilité gouvernementale succéderait aux crises qui, depuis bientôt vingt ans, ont nui au perfectionnement de nos institutions.

Ce serait l'avènement définitif du régime démocratique pour lequel on a tant de fois écrit, tant de fois discuté, sans qu'on se soit jamais entendu sur le principe de l'adoption.

La République se trouverait du même coup débarrassée de tous ces faux apôtres de la liberté, dont le républicanisme ne sert qu'à masquer l'ambition effrénée, qui est le propre de leur caractère dominant : « Tant il est vrai qu'une fois arrivés au pouvoir, les hommes sont tous les mêmes, et qu'ils ne songent qu'à briser l'écheile qui leur a servi à y monter. »

Le pays se trouve donc en présence de deux systèmes : le système parlementaire et le système démocratique.

C'est le premier des deux qui triomphe, puisque, actuellement, il détient le pouvoir, quoiqu'il soit en contradiction évidente avec les manifestations du suffrage universel, qui vient de le condamner à différentes reprises. — Néanmoins, tant qu'il aura le pouvoir, qu'il sera la force, il triomphera.

Ce système, avons-nous dit, relève directement de la bourgeoisie, qui l'a créé au commencement de ce siècle, en haine du peuple, dont elle a craint le mouvement progressiste. — La démocratie n'a pas de plus pire ennemi qu'elle. Et cela, à son point de vue, se comprend, puisqu'elle tend à réduire la situation politique qu'elle s'est acquise après la Révolution, et dont elle a bénéficié seule jusqu'à ce jour. Aussi cette bourgeoisie avide n'a-t-elle cessé de se mettre en travers de la démocratie, afin de l'empêcher de se faire jour à travers les évolutions politiques par lesquelles le pays a passé depuis cette époque. Car en laissant prendre à l'esprit démocratique un courant trop favorable, c'était s'exposer à se laisser déborder par les événements et à compromettre ainsi son existence politique. Toutefois, il eût été imprudent pour elle de se mettre en hostilité déclarée avec l'imagination populaire, et pour ne pas se l'aliéner outre mesure, elle lui a sacrifié quelques-unes de ses prérogatives, quitte à agir ensuite pour la maintenir dans les limites strictes du respect. — Mais de vraies réformes, susceptibles d'améliorer le sort des travailleurs, point. Elle ne lui en a pas donné; elle ne le pouvait pas sans nuire à son prestige.

Ce système égoïste consiste donc à tout promettre et à ne rien tenir. — On l'a vu d'ailleurs, en 1885, où les élections se sont faites sur un programme démocratique. — Qu'en est-il résulté de ce programme ? Rien. Et nous sommes arrivés à la fin de la législature sans qu'aucune des grandes questions sociales aient été tranchées. Bien mieux, les fautes commises par nos parlementaires ont eu pour effet de jeter le pays dans une crise des plus violentes, qui met en cause nos institutions mêmes.

Cet état aigu est donc le produit de cette oligarchie bourgeoise, qui, en tout temps, a été si préjudiciable aux intérêts du pays pour lesquels elle n'a jamais eu qu'indifférence la plus complète, quand elle ne les compromettait pas, comme c'est le cas présent, par des agissements coupables.

Le résultat de ces manœuvres a été d'accroître les charges qui pèsent aujourd'hui si lourdement sur le pays, pour combler un déficit qui s'aggrave chaque jour davantage, malgré les sacrifices énormes qu'on lui a demandés et qu'il a consentis dans l'intérêt de la République.

Et pourquoi ces sacrifices demandés ? Pour soutenir une situation politique compromise par la faute de nos parlementaires, qui ont précipité la France dans une aventure détestable où s'en vont le meilleur de son or et le plus pur de son sang !

Et ce sont ces mêmes hommes qui, aujourd'hui, osent attaquer l'œuvre du Général Boulanger, espérant sans doute donner le change au pays à la veille des élections générales.

Ces airs indignés qu'ils prennent, parlant au nom de la Patrie et de la République, dont ils se disent les véritables défenseurs, ne sont qu'un moyen imaginé par eux pour tromper l'opinion publique et lui laisser croire qu'en eux seuls réside l'esprit républicain ; qu'ailleurs il n'y a qu'une pensée de dictature cachée sous une forme étincelante de vérité et de bonne foi.

Mais le peuple ne se laissera pas prendre à cette comédie de l'indignation venant surtout de la part d'un parti qu'il méprise pour l'avoir vu à l'œuvre. Il a trop souffert pour croire cette fois aux protestations et aux assurances de dévouement de ceux qui l'ont indignement exploité, et dont il paye aujourd'hui les fautes.

Jacques Bonhomme se fâche et il se fâche bien aujourd'hui qu'il a perdu toute patience en voyant les agissements de ces politiciens, que la perte du pouvoir affole, et qui n'hésitent pas à avoir recours aux moyens les plus odieux pour essayer de le ressaisir, fût-ce en jurant ses grands dieux qu'il accordera au peuple tout ce qu'il demande, quitte après à le renvoyer à ses moutons.

Les électeurs ne s'y laisseront pas prendre, pas plus qu'ils ne se laisseront intimider par les menaces qu'on ne va pas manquer de faire pleuvoir sur eux pendant tout le temps de la période électorale.

Le Suffrage universel n'a rien à craindre dans un pays où il est tout-puissant. C'est l'arme infaillible du droit. Il est notre maître à tous, et tous nous lui devons respect et obéissance. Par conséquent, nul ne peut rien contre lui, car son action est aussi mystérieuse en ses desseins, qu'elle est caractéristique dans ses effets.

Que les électeurs s'inspirent donc de ces pensées pour se dire qu'ils n'ont rien à redouter des menaces qui les attendent au cours de la campagne qui va s'ouvrir ; qu'ils repoussent avec énergie toute compromission avec les hommes qui défendent ou qui tenteront de défendre encore la politique néfaste de cette oligarchie parlementaire pour laquelle le pays ne saurait trop se montrer sévère.

D'ailleurs, il sera guidé en cette circonstance solennelle par des hommes qui sont les véritables défenseurs de ses intérêts, qu'il connaît et dont le programme politique lui est une garantie sérieuse d'avenir.

Le système démocratique est le contraire du système parlementaire ; c'est l'application la plus élevée de la souveraineté nationale s'inspirant du suffrage universel pour donner au pouvoir la sanction que les monarchistes trouvaient dans le droit divin.

Dans un État démocratique, il n'est du ressort de personne de créer ou de modifier des lois d'intérêt général; ce droit appartient en propre à la souveraineté populaire.

Ainsi, toute loi nouvelle intéressant directement le pays doit être soumise à la ratification du peuple, seul juge à en considérer l'opportunité, après que sa religion a été suffisamment éclairée par les débats contradictoires de ses mandataires.

Il en est de même pour les intérêts régionaux, soumis également à la sanction populaire.

On voit aussitôt l'avantage que peut donner un tel système, basé sur l'action directe du suffrage universel, exerçant selon les circonstances son droit de veto.

Il en résulterait que les élus du Suffrage universel s'inspireraient davantage de l'obligation où ils sont de tenir les engagements qu'ils contractent vis-à-vis de leurs électeurs.

Leur temps serait ainsi plus utilement employé, et l'on ne verrait plus de ces discussions oisives, quand elles ne sont pas inopportunes, la plupart du temps dictées par des intérêts, personnels à quelques-uns.

Il est vrai que le régime parlementaire aura vécu. Et, pour ceux qui en vivent, je comprends que ce mode gouvernemental soit préférable à tout autre. Pourtant il faudra bien qu'ils en prennent leur parti bon gré mal gré, quoique cela leur puisse être sensible, et leur fasse l'effet d'une douche glacée tombant du ciel.

La résistance qu'opposent les parlementaires au système démocratique, dont le Général Boulanger s'est fait le défenseur résolu, s'explique donc par la pensée qu'ils n'ont rien à attendre de ce système. Pour eux, le Parti républicain national représente l'écroulement de toute espérance, la fin de l'influence politique dont ils jouissaient dans le pays depuis longtemps déjà, avec la complicité d'une administration docile, prête à tout pour conserver des situations grassement rétribuées, obtenues par faveur spéciale. Et le nombre en est grand de ces parasites qui vivent aux dépens de nous-mêmes, car c'est nous qui payons les frais de cette politique outrecuidante, faite de vices et de mensonges !

Pendant ce temps, le pays surchargé d'impôts souffre et languit de cet état de choses qui le mine, car il est à bout de sacrifices, et Dieu sait s'il en a courageusement accepté la nécessité, depuis 18 ans qu'il ne cesse de donner son or avec la pensée patriotique de la France relevée par l'effort de tous ses enfants.

Mais à côté de ces sacrifices nécessaires, il y en a d'autres qu'on lui a demandés, ceux-là pour satisfaire à l'ambition politique d'une coterie insatiable, trafiquant de tout, même de l'honneur national, pour s'emparer du pouvoir et imposer à la France une politique contraire à ses intérêts.

La voilà la vraie dictature, oppressive et rapace, celle que vous accusez le Général Boulanger de vouloir établir à son compte.

Mais cette accusation bête et ridicule se retourne contre vous-mêmes, qui avez été et qui êtes encore plus omnipotents qu'aucun gouvernement ne l'a jamais été.

Vraiment, vous manquez d'habileté en soulevant un tel lièvre, vous qui ne devriez pas oser prononcer ce mot de dictature, pour ne pas nous faire souvenir que vous l'exercez impunément depuis dix ans.

Croit-on maintenant qu'il est temps d'en finir avec ce système corrompu, auquel nous devons de voir la République humiliée et la France ployant sous le poids énorme des charges qui l'accablent, par la faute de ces politiciens éhontés, qui ont tout sacrifié à leur intérêt personnel.

Ah! pour que la condamnation soit solennelle et efficace, il importe que le pays flétrisse par un vote unanime, par une manifestation éclatante du suffrage universel, cette politique mesquine et misérable, qui nous vaut de nous trouver, à la veille de l'inauguration de l'Exposition Universelle, et de la célébration du Centenaire de la Révolution française, dans une situation politique telle qu'elle compromet cette manifestation de notre génie national.

Les électeurs ont le devoir de s'en souvenir, le jour où ils déposeront leurs bulletins de vote dans l'urne. Car ce serait à jamais désespérer de nous, si, après les exemples que nous avons eus sous les yeux, nous allions de nouveau nous jeter dans les bras de ces gens-là.

Qu'on ne l'oublie pas, cette fois, il s'agit d'avenir. Que ce parti-là triomphe, et c'en est fait de la République.

Il faut donc que le pays fasse son devoir tout entier, sans hésitation, afin de ne lui laisser aucun espoir de retour.

• Jamais, peut-être, les électeurs n'ont eu occasion plus solennelle d'affirmer leur indépendance. De leurs votes dépend le triomphe de la République démocratique, personnifiée en la personne du Chef du Parti républicain national.

Et puisque le pays veut des réformes, c'est au Suffrage universel qu'il appartient d'en exprimer la volonté expresse en portant ses voix sur ceux qui auront l'honneur de représenter devant les électeurs, le programme politique du Général Boulanger.

Or ce programme, nul ne l'ignore, est la solution des questions économiques et sociales, que le pays ne cesse de réclamer, et qu'il n'a jamais pu obtenir du régime parlementaire.

Mais pour qu'il puisse être réalisé, il est essentiel que le Général Boulanger soit assuré du concours d'une Chambre qui lui rende la tâche sinon facile, du moins possible.

C'est donc au pays à choisir ses députés futurs parmi ceux qui se seront ralliés au programme du Parti républicain national. Alors la France pourra espérer jouir d'une ère de progrès politique et social, qui assurera à la République une réelle supériorité sur les autres nations. Son prestige moral ne fera plus de doute pour personne.

Selon le mot du Général Boulanger, nous aurions ainsi le véritable gouvernement de tous par tous. Il en résulterait que le pays serait à jamais à l'abri de toute tentative de restauration monarchique, sa politique étant réglée pacifiquement par le bulletin de vote, puisque la Chambre ne pourrait plus se prévaloir d'un droit législatif pour imposer à la France un gouvernement qui ne serait pas celui de son choix.

Donc, œuvre de progrès national et de pacification sociale, tel il appert de la campagne menée par le Parti républicain national, avec l'impulsion personnelle que lui donne le Général Boulanger.

Le pays aura donc à choisir entre deux politiques.

L'une qui représente l'oligarchie parlementaire avec toutes les conséquences d'instabilité politique résultant d'ambitions inavouables; l'autre qui marche au grand jour avec un programme résolument réformateur, seul capable d'assurer à la République la force et la grandeur, inséparables de l'esprit d'équité qui en est la base fondamentale.

Le choix du pays n'est pas douteux assurément, après les manifestations éclatantes de ces derniers temps.

Cependant les rancunes, plus superficielles que fondées, de quelques vieux républicains à l'égard du Général Boulanger et du Parti républicain national, laissent planer un dernier doute dans l'esprit d'un certain nombre d'électeurs, sur la sincérité des promesses de réformes qui leur sont faites.

Puis, et c'est surtout sur ce point qu'il importe de rassurer la conscience du pays, la campagne de calomnies entreprise contre le Général Boulanger, l'accusation perfidement répandue qu'il ne vise à rien moins qu'à s'emparer de la dictature, pour mettre la France à sa merci ; ajoutez à cela le souvenir de Brumaire et de Décembre, qu'on ne cesse d'évoquer à ses yeux ; ont fait naître chez les uns des appréhensions naturelles qu'il importe de dissiper dans l'intérêt même de la République.

C'est qu'au fond de tout cela, il y a l'intérêt de tout un parti en jeu. Menacé dans son existence par la campagne révisionniste entreprise par le Général Boulanger, il tente de la façon la plus odieuse de nuire à son prestige politique, en lui prêtant des intentions qui sont loin de sa pensée.

Chaque fois qu'il a eu l'occasion de le faire, soit publiquement, soit qu'on aille le consulter directement, il a protesté avec la plus grande énergie contre les intentions que lui prêtent ses adversaires de mauvaise foi.

Et franchement peut-on ne pas croire à la sincérité de ses paroles quand il dit : « Vous avez
» raison de compter sur moi : je ne faillirai pas à
» mon devoir, je ne tromperai pas votre confiance.
» Je vous promets de me consacrer à vous, je
» vous promets que les questions sociales seront

» celles que j'étudierai avec le plus de plaisir et le
» plus de soin (1).

» Non ! je ne trahirai pas la République, au nom
» de laquelle nous devons tous travailler pour
» assurer à notre chère Patrie la place qu'elle doit
» occuper dans le monde.

» Soldat moi-même, député aujourd'hui, toute
» ma sollicitude vous est acquise et ma constante
» préoccupation sera de vous voir heureux et forts
» pour que la France soit heureuse et forte (2). »

» La révision de la Constitution par la disso-
» lution de la Chambre est le seul moyen d'arriver
» à une vraie République démocratique et pro-
» gressive, qui améliorera le sort des travailleurs
» par la solution des questions sociales (3). »

L'homme qui, ayant la confiance d'un pays, pro-
nonce de telles paroles, ne peut être assimilé à un
traître, car il ne peut pas l'être quand on engage
aussi énergiquement sa foi politique.

D'ailleurs quel avantage trouverait-il à tromper
la confiance des électeurs, alors que son rôle politique est tel qu'il doit suffire à son ambition, si
tant il est vrai qu'il en ait une de personnelle. —
Je ne parle pas de la question patriotique qui le
guide dans sa campagne politique et qu'il consi-
dère comme un devoir envers la Patrie et la République.

Quel rôle plus beau, en effet, pour un homme

(1) Avesnes, mai 1888.
(2) Denain, mai 1888.
(3) Fourmies, mai 1888.

que de résumer en soi les aspirations de tout un peuple, et justement fier de cette confiance, de consacrer ses forces et son intelligence à lui assurer les droits à la vie par la réalisation des réformes qu'il attend ?

Mais c'est le rôle d'un Washington moderne que celui-là !

Est-ce que cela ne suffit pas à l'ambition d'un homme ?

Alors quel intérêt aurait-il à trahir la cause qu'il défend ? Je n'en vois pas.

Au contraire, en allant au-devant d'une aventure césarienne, le Général Boulanger y gagnerait de perdre la popularité qu'il s'est acquise et qu'il n'a nullement l'intention de jouer sur un simple coup de dé.

Chef reconnu du Parti républicain national, qu'il a fondé dans le but de rallier à lui la majorité des Français qui pensent qu'on peut réaliser le programme des réformes sociales tant de fois débattu sans succès depuis près d'un siècle, il a donc là de quoi satisfaire à ce besoin de justice qui forme le fond de son caractère et qu'il met aujourd'hui au service de la République.

Mais, dira-t-on, aucun des gouvernements qui se sont succédé en France depuis 1789 n'a pu s'entendre sur le choix et les moyens à employer pour donner satisfaction à la classe si nombreuse des travailleurs, à celle qui combat pour le rude combat de la vie, et dont les charges et les difficultés s'accroissent chaque année sans que rien ait été fait pour l'alléger du fardeau qui pèse sur elle et lui procurer, par cela même, un bien-être relatif.

Comment voulez-vous que le Général Boulanger réussisse là où tant d'autres ont échoué? Car n'est-ce pas une tâche ardue que de vouloir ainsi résoudre ce grand problème social?...

A ceux-là, je rappelle que les difficultés, qui ont rendu presque impossible la solution de ce problème, ont été de deux sortes : au point de vue dynastique, le respect des traditions et le mépris du peuple ; au point de vue républicain, la haine de la bourgeoisie à l'égard du peuple, par intérêt particulier et dans la crainte de voir celui-ci s'emparer du pouvoir.

Eh bien! le Général Boulanger n'étant inféodé ni à l'une ni à l'autre de ces deux politiques, peut donc, lui, homme d'une politique nouvelle, créer un ordre de choses nouveau avec chances de succès.

Voilà ce qui explique sa rapide popularité dans le pays.

L'intérêt suprême de la République est de lui continuer cette confiance, de l'augmenter encore si c'est possible sans s'arrêter aux calomnies plus ou moins insidieuses de ses ennemis républicains parlementaires, qui placent leur intérêt avant celui des électeurs, qu'ils ont trompés de la façon la plus indigne.

Plus ils crieront, et plus ce sera la preuve que le Général Boulanger a touché juste en attaquant leur politique bourgeoise, par une politique franchement démocratique et républicaine.

Nous devons donc sans hésitation nous rallier à lui, à la politique du Parti républicain national, qui est une politique d'avenir et de progrès. Car nous avons été dupes assez longtemps pour que nous puissions désirer aujourd'hui en finir avec une politique de supercheries et de mensonges, qui, près d'expirer sous le poids de ses fautes, prend prétexte de nos suffrages donnés au Général Boulanger pour édicter des lois liberticides, outrageantes pour la foi républicaine de ce pays, si épris de liberté.

Electeurs ! allez sans hésitation au Parti républicain national. Ne craignez pas de voir cette fois votre confiance trompée.

Respectueux des souvenirs de chacun, il n'entend pas être oppresseur dans ses idées ; il demande à chacun de venir loyalement à lui afin de l'aider à faire de la France une nation puissante et forte par l'action commune de tous ses enfants.

Et vous, républicains que l'erreur abuse, qui, croyant travailler pour le bien de la République, combattez la politique du Général Boulanger parce que vous redoutez les surprises d'une popularité que vous considérez comme étant un danger pour nos libertés, cessez de craindre pour elles. La République ne sera pas étranglée, comme elle le fut au 18 Brumaire et au 2 Décembre. La garantie de cette vérité est dans l'étroite liaison qui existe entre le Chef du Parti républicain national et le pays.

Vous-mêmes, en venant grossir les rangs de ceux qui combattent avec lui pour le triomphe de la démocratie, rendrez plus impossible encore toute tentative contre la République, si telle était jamais sa pensée.

Dès lors que ne pourrons-nous espérer et attendre d'une politique basée sur l'union pacifique et invincible de tous les citoyens travaillant avec une égale ardeur à effacer les luttes du passé et à préparer l'avenir!

La France, grandie par cet effort sublime de tous ses enfants, n'aura plus désormais rien à redouter de ceux qui veulent en faire une nation asservie. Elle pourra se croire à jamais préservée des redoutables convulsions qui arrêtent son essor dans la voie du progrès, et la rendent suspecte aux autres nations.

Chacun de nous s'inspirant des grandes pensées patriotiques qui animent le Général Boulanger, doit donc taire ses rancunes s'il en a, et oublier les rudes coups portés dans cette lutte fratricide, pour ne songer qu'à la Patrie, dont les destinées sont étroitement liées avec celles de la République.

Il est encore temps de mettre bas les armes.

Je parle à ceux que leur attachement à la République égare au point de considérer le Général Boulanger comme un danger pour elle.

Ceux-là, séparés de nous par les intrigues d'une politique ambitieuse, doivent venir au Parti républicain national, qui les attend, car il ne peut faire aucun doute pour personne, que cet antagonisme existant entre lui et eux ne vient que d'un malentendu qui devra se dissiper tôt ou tard.

Quant à ces parlementaires dévorés d'ambition, insatiables en leurs désirs bourgeois de jouisseurs corrompus, qui, se sachant condamnés par le mépris public et se voyant sur le point d'être chassés du pouvoir où ils se cramponnent désespérément, n'hésitent pas à faire appel à toutes les passions politiques, en haine de l'homme qui met tout son honneur à les combattre, — à ceux-là nous leur disons :

Le Parti républicain national n'admet dans son sein que ceux qui veulent l'aider à faire de la République un gouvernement d'ordre et de liberté, capable de résoudre toutes les questions d'économie politique et d'amélioration sociale que vous n'avez pas su résoudre, trop occupés que vous étiez de donner satisfaction aux ambitions personnelles qui se sont attachées à votre fortune politique.

Vous n'êtes, vous, que les représentants d'un gouvernement de désordres et d'aventures, qui n'avez abouti qu'à la ruine du pays, qui avez joué de son honneur pour en faire le prétexte à des expéditions lointaines que vous jugiez nécessaires à la consécration de votre politique personnelle.

Ces expéditions n'ont servi qu'à une seule chose,

à enrichir un tas d'aventuriers, devenus les plus fermes soutiens de votre politique; et cela, au prix du sang de nos soldats et de notre or à tous !

Quant au peuple, à l'honneur duquel vous faites appel contre le Général Boulanger, qu'avez-vous fait pour lui pour oser encore vous adresser à son honneur ?

A son honneur ! pouvez-vous, sans rougir et sans honte, employer ce mot, vous qui n'avez plus rien à faire avec lui, étant sans conscience et sans honneur !

Oui ! le Parti républicain national vous répudie… Vous n'êtes pas des nôtres !… Nous ne voulons pas de vous, parce que le pays ne veut pas de vous.

Assez longtemps vous l'avez soumis à une politique qu'il répugnait à son honnêteté d'accepter, mais qu'il a subie par faiblesse, et parce que voulant travailler au relèvement de la Patrie, il se désintéressait un peu plus de la question politique, sauf à s'en souvenir à chaque consultation du suffrage universel.

Pendant ce temps, vous accomplissiez votre œuvre de désordres; vous puisiez à pleines mains dans les ressources que le pays amassait dans un but patriotique, pour payer les complices de votre politique néfaste.

Aujourd'hui la France entière se soulève contre vous pour acclamer un vaillant soldat que vous avez chassé des rangs de notre armée, dont il était l'honneur et l'espoir.

Parce qu'il est la vivante protestation d'un peuple fier, épris de son indépendance et soucieux de sa foi politique, vous déversez sur son nom tout le dépit que vous éprouvez de vous voir éconduits, et ce dépit vous le manifestez par les calomnies les plus odieuses, par une lâcheté sans pareille.

Vous pouvez continuer quelque temps encore, jusqu'au jour où, bien obligés, cette fois, il vous faudra comparaître devant le suffrage universel.

Alors, comme à Paris au 27 janvier dernier, le Général Boulanger et le Parti républicain national seront bien vengés de vos injures !

CHARLES DU HEMME.

PARIS. — IMPRIMERIE CHARLES BLOT, RUE BLEUE 7.